Drôleries du Palais

Album Humoristique
par
Eugène Cottin

LIBRAIRIE PLON

DROLERIES DU PALAIS

L'auteur et les éditeurs déclarent réserver leurs droits de reproduction et de traduction en France et dans tous les pays étrangers, y compris la Suède et la Norvège.

Cet ouvrage a été déposé au ministère de l'Intérieur (section de la librairie) en janvier 1900.

PARIS. TYP. DE E. PLON, NOURRIT ET Cie, RUE GARANCIÈRE, 8. — 680.

Drôleries du Palais

Album Humoristique

par

Eugène Cottin

LIBRAIRIE PLON

A LA MÉMOIRE DU REGRETTÉ MAITRE

JULES MOINAUX

EUGÈNE COTTIN

AVANT L'AUDIENCE

LA GARDE A L'EXTÉRIEUR DU PALAIS

— Venez-y donc! qu'on vous fourre au bloc, histoire de rigoler!

LA GARDE A L'INTÉRIEUR DU PALAIS

Plus que cinq heures à tirer.

EN ROUTE POUR LE PALAIS

Le sommeil de l'innocence,... quelquefois!

LES INCULPÉS

Le lendemain de la manifestation.

DANS LE COULOIR

— C'est encore toi, ma pauvre Hortense ! C' qu'ils vont te saler, cette fois !

LES INCULPÉES

Toutes ces dames sur le banc.

Visite à la petite tortue symbolique que M. le Président élève précieusement dans son pupitre.

DANS LE PUPITRE DE M. LE SUBSTITUT

— C'est des vers qu'il adresse à sa particulière :
>   Hermance, ma toute belle...
>   . . . .
>   . . . .

— Ah ! zut, alors !

— Eh bien, monsieur Ronfledru, ça biche ?
— Mais oui, monsieur le Président, ça boulotte.

DANS LA CHAMBRE DES TÉMOINS

L'Huissier. — Faudra vous tenir bien convenablement devant le Tribunal et ôter vos gants, ceux qui en ont.

L'HUISSIER. — C'est-il vous la fille Une telle?

POLICE. CORRECTIONNELLE LE PUBLIC

Souvent très mêlé et surveillé au doigt et à l'œil par toute une escouade de gardes.

L'AUDIENCE

L'ENTRÉE DES MAGISTRATS

— Messieurs, la Cour !

INSTALLATION

M. LE PRÉSIDENT. — L'audience est ouverte.

— M. LE PRÉSIDENT. — Vous entendez : A la moindre manifestation, je fais évacuer la salle. C'est bien compris ?

POLICE CORRECTIONNELLE   LE MOULIN A CAFÉ

M. LE PRÉSIDENT. — Un Tel, levez-vous. Vos nom, prénoms, etc. — Six mois d'emprisonnement; asseyez-vous... Un Tel, levez-vous. Vos nom, prénoms, etc...
Et ainsi de suite pendant deux heures.

POLICE CORRECTIONNELLE · L'INTERROGATOIRE

M. LE PRÉSIDENT. — Vous êtes charbonnier. Il apparaît, d'ailleurs, que vous ne vendez pas de la farine.

POLICE CORRECTIONNELLE L'INTERROGATOIRE

— Vous pouvez pas dire ça, mon président, qu' j'ai toujours eu des mauvaises relations. J'ai jamais fréquenté que des magistrats.

POLICE CORRECTIONNELLE DÉPOSITION DE TEMOINS

— Oui, tu l'as dit qu'il a dit que je l'ai dit...

POLICE CORRECTIONNELLE   L'INTERROGATOIRE

M. LE PRÉSIDENT. — Il vous a appelée v....., p....., il a eu tort en la forme, c'est entendu. Mais au fond?... Hein? Voyons!

COUR D'ASSISES LE PRÉSIDENT A POIGNE

— Et vous savez, messieurs les avocats, de la politique, il n'en faut pas ici. A la condition de ne parler ni du gouvernement, ni des Chambres, ni des honorables personnes impliquées dans la cause, vous avez pleine liberté de vous exprimer. D'ailleurs, j'y tiendrai la main.

POLICE CORRECTIONNELLE   DÉLIBÉRATION

M. le Président. — Faut-il le saler ?
— Parbleu ! Allez-y.
— Tapez ferme.

COUR D'ASSISES   L'INTERROGATOIRE

— N'ayez pas peur, ma petite fille, vous voyez bien que ces messieurs de la Cour ont de bonnes figures. Dites-nous ce que vous savez.

POLICE CORRECTIONNELLE L'INTERROGATOIRE

M. LE PRÉSIDENT. — Voyons! était-ce au bord du lit que la chose se passa? Était-ce dessus? dessous? comment? la question a une importance capitale.

M. le Président. — Silence ! Huissier, faites donc faire silence, que diable !
L'Huissier, *d'une voix de stentor* : — Silence, nom d'une pipe !

CHAMBRE CIVILE   PETITES DISTRACTIONS

— Monsieur le Président, regardez donc la jolie petite blondinette qui vient d'entrer.

M. le Président mijote ses petits « attendu que ».

CHAMBRE CIVILE UNE AFFAIRE IMPORTANTE

Pendant les plaidoiries.

UN GÊNEUR

M. LE PRÉSIDENT. — C'est notre collègue de droite qui se sera mis au régime des farineux.

POLICE CORRECTIONNELLE   FACHEUSE RENCONTRE

M. LE JUGE DE DROITE : — Ciel ! Hortense ! Elle va me reconnaître ! Quel grabuge !...

Une puce au tribunal ! C'est pour le président. Ça ne rate jamais.

CHAMBRE CIVILE   PENDANT LES PLAIDOIRIES

M. LE PRÉSIDENT. — Il y a-t-il un *h* à Cythère?

M. LE PRÉSIDENT. — Ne ronflez pas si fort, cher ami, on vous entend du fond de la salle.

POLICE CORRECTIONNELLE   LE CAS EST DÉLICAT

— Il chasse chez Rothschild.
— Bigre! en ce cas faut le ménager.

— En sortant de chez le Premier nous sommes entrés chez Hortense...

CHAMBRE CIVILE   PRÉTOIRE INVIOLABLE

M. LE PRÉSIDENT. — Encore deux pièces qui manquent dans ce dossier. C'est inouï. Comment diable faites-vous donc, greffier?

POLICE CORRECTIONNELLE   UN INTERROGATOIRE BIEN CONDUIT

M. LE PRÉSIDENT. — Vous allez avec elle aux Folies-Bergère; de là, vous rentrez à l'hôtel, toujours avec elle; et après?

POLICE CORRECTIONNELLE　　　　　　　　　　QUESTION INDISCRÈTE

— Madame la baronne voudra-t-elle faire au tribunal l'honneur de lui dire son âge ?

Dessine des petits bonshommes, pendant les plaidoiries.

CHAMBRE CIVILE   AIMABLE RÉVEIL

M. LE PRÉSIDENT. — Hé! mon cher Boudinard, réveillez-vous! Votre caprice qui vient d'entrer.

CHAMBRE CIVILE

Comment le sommeil leur vient.

POLICE CORRECTIONNELLE. UNE AFFAIRE CROUSTILLANTE

M. LE PRÉSIDENT. — Voyons ! Vous n'allez pas faire croire au tribunal que c'était pour enfiler des perles que vous la conduisîtes à **votre** domicile !

— Ensuite il y avait une bouillabaisse : coquine de sort ! je ne vous dis que ça, monsieur le Président !

CHAMBRE CIVILE					MARTYRS DU DEVOIR

Déjà cinq heures, et cet avocat qui n'en finit pas!

POLICE CORRECTIONNELLE

La preuve du délit par un instantané.

A LA COUR D'APPEL   CAUSE GRASSE

— Continuez, maître, continuez..

A LA COUR D'APPEL   *CAUSE MAIGRE*

— Il est interminable, ce misérable bavard d'avocat !

A LA COUR D'ASSISES　　　　　　　　CAUSE SENSATIONNELLE

Un bouquet de robes.

INCIDENTS D'AUDIENCE

POLICE CORRECTIONNELLE   RUMEURS SUR PLUSIEURS BANCS

M. le Président. — Gardes... faites évacuer tout le monde.

CHAMBRE CIVILE   LA PLAIDOIRIE

— Pour terminer ce que j'ai à dire, j'aurais besoin de toute l'attention du tribunal, mais je crains bien, hélas ! de ne pouvoir l'éveiller.

POLICE CORRECTIONNELLE　　　　　　　　　　　　GRAVE INCIDENT

M. LE PRÉSIDENT. — Qu'avez-vous à ajouter pour votre défense ?
LA PRÉVENUE. — Que vous êtes tous des singes et que je vous dis zut !

POLICE CORRECTIONNELLE   PROPOS FACHEUX

M. LE PRÉSIDENT. — Vous êtes accusé d'avoir volé de la paille.
LE PRÉVENU. — C'est du foin qu'il vous faut, à vous !

POLICE CORRECTIONNELLE UN ATTRAPAGE

Le grand régal du tribunal.

POLICE CORRECTIONNELLE — UN CONDAMNÉ MÉCONTENT

La flèche du Parthe.

POLICE CORRECTIONNELLE INCOMPÉTENCE

— Il disait partout que j'étais la mieux.
— Menteuse ! C'est de moi qu'il disait que j'étais la mieux.
M. LE PRÉSIDENT. — Voyons, mesdemoiselles, nous ne sommes pas ici à un concours de beauté.

A LA COUR D'ASSISES   *LES PIÈCES A CONVICTION*

Le corps du délit mis sous les yeux de MM. les jurés.

A LA COUR D'ASSISES   LES PIECES A CONVICTION

Une photographie d'après les rayons X.

Descellage des pièces à conviction.

SUSPENSION D'AUDIENCE

IL FAIT SI CHAUD

Le repos de M. le greffier.

PAUVRE HUISSIER!

— 35 degrés à l'ombre. Je fonds dans mon jus

M. le juge continuant son petit rêve de l'audience.

DANS LA CHAMBRE DU CONSEIL

— La voilà, cette pièce qu'on cherchait tant et qui prouvait son innocence !
M. LE PRÉSIDENT. — Ah bien, c'est trop tard, maintenant. Le jugement est rendu.

DANS LA CHAMBRE DU CONSEIL

M. LE PRÉSIDENT. — Que diable avez-vous à vous trémousser comme ça, monsieur le substitut ?
M. LE SUBSTITUT. — Je me dégourdis les jambes pour le bal de l'Hôtel de ville.

M. LE PRÉSIDENT. — C'est embêtant ! Vous êtes deux contre moi pour ce jugement ; pourtant je tiens à mon opinion. Si nous jouions la chose au piquet ?

Le tribunal délibère.

SUSPENSION

M. LE PRÉSIDENT. — Eh bien! mon cher, cette petite mineure que nous venons d'envoyer dans une maison de correction, figurez-vous que sa mère était ma blanchisseuse quand j'étais étudiant. Ah! la belle fille que c'était! cré coquin!

PROCUREURS ET SUBSTITUTS

M. L'Avocat général. — Mais l'œil de la justice était là qui planait...!!!

M. L'Avocat général. — Encore fallait-il que vous la vissiez afin que vous l'attaquassiez !.....
L'Accusé. — Mais non je ne, l'ai pas vissée

— Et de cette femme, de cet ange de candeur et d'innocence, qu'avez-vous fait, misérable !... Un démon !!!

LES ABOYEURS

Grande variation sur les *qui* et les *que*.

— Mais, misérable !... une pomme, c'est un patrimoine ! Si tout le monde volait une pomme, que deviendrait la société ?

CONTRE UN PRINCE DE LA FINANCE

— Mon Dieu ! il est bien évident que dans le maniement de sommes considérables, on peut égarer un ou plusieurs millions. N'avons-nous pas vu récemment un de nos plus distingués ministres des finances faire une erreur d'un milliard dans son budget ?...

— Et vous ne sentiez pas le rouge de la honte vous monter au front, alors que vous portiez à vos lèvres ce raisin que vous veniez de voler !

LES ABOYEURS

Le procureur, c'est le plus féroce de tous; aussi l'a-t-on parqué tout seul dans une cage spéciale.

MESSIEURS LES AVOCATS

UN LOGICIEN

— Et puis, en somme, à quoi cela servirait-il d'avoir obtenu tous ses brevets de mécanicienne et de chauffeuse, s'il n'était pas loisible d'effleurer de temps à autre un vulgaire passant ?...

LES DROITS DE LA DÉFENSE

— D'ailleurs, ce témoin, qu'est-il, en somme? Un être vil, menant une existence scandaleuse, un être capable de tous les forfaits, un bandit qui certainement a dû assassiner tous ceux qui se sont trouvés sur son chemin. Et c'est cet individu taré qui ose nous accuser, nous, l'honneur et la probité même !.....

LES DÉBUTS DU STAGIAIRE

ir préparé une période superbe et d'un plus assuré effet, et ne
'en souvenir quand tous les petits camarades sont là, dans le
re, à vous narguer. Quel désastre pour une première !

L'AVOCAT DE L'HOMME POLITIQUE

— Et c'est à nous, l'homme intègre, l'apôtre irréductible des principes de 89, qu'on ose reprocher d'avoir touché un pot-de-vin ? Allons donc !...

L'AVOCAT DE L'ANCIEN NOTAIRE

— En somme, ces fonds qu'on nous confiait, d'où venaient-ils ? De quels ténébreux forfaits n'étaient-ils pas le fruit ? De quelle source impure sortaient-ils ?...

EFFET D'AUDIENCE

— Lui un vagabond !... Mais c'est un serviteur du pays !... Un fonctionnaire ! Il est indicateur de la police, et voici un reçu qui constate qu'il a émargé aux fonds de l'État.

CIRCONSTANCES ATTÉNUANTES

— Elle a tué cet homme. Mais qu'était-il en somme ? Un vagabond, un déclassé, un inutile. N'est-ce pas en quelque sorte un service qu'elle rendait à la société en l'en débarrassant ?

UN ARGUMENT DE POIDS

— Elle le frappait, mais elle l'aimait tout de même. C'est sa façon à elle d'exprimer sa tendresse. Si ce jour-là elle eut le bras un peu plus lourd, c'est le pur hasard !...

L'AVOCAT D'HERMANCE

— Jeune, belle, ardente comme nous le sommes, voyons messieurs les juges, qu'eussiez-vous fait à notre place ?

CONCLUSION

— Vous renverrez, messieurs les juges, cette honorable dame des fins de la plainte, et vous la rendrez indemne à la clientèle de messieurs honorables qui l'attendent avec tant d'impatience.

LES PETITS PAPIERS

— Attendez! Dans cette autre lettre, il nous écrit : « Ma petite crotte en sucre, je t'attendrai ce soir. » En voici encore une autre, etc...

UN EFFET RATÉ

— Taisez-vous. Vous parlez comme une huître... C'est tout le contraire qu'il faut dire. Taisez-vous. J' vas causer, moi.

LES GRANDS MOYENS

— Nous recevions l'élite de ces messieurs de l'aristocratie. Des princes du sang nous honoraient de leurs faveurs, et feu le schah de Perse lui-même ne nous fut pas étranger.

LE DÉFENSEUR DE LA VEUVE

Ah ! non, ce n'est pas pour celui-là que s'ouvre l'oreille du tribunal.

— Et Polyte qui s'a ca alé et qui n'est pas là pour entendre comme il parle bien d'elle, celui-là !.....

PAN! DANS LE MILLE

— Je vais lire au tribunal une liste de messieurs honorables qui fréquentaient chez ma cliente, et le tribunal jugera si...
M. LE PRÉSIDENT. — Je vous arrête, maître. Les noms de ces personnes sont inutiles aux débats. La cause est entendue.

L'AVOCAT D'OFFICE

— Savait-elle, pouvait-elle seulement se douter, dans sa simplicité si grande, que cet être était un faune et qu'elle courait à l'abîme ?

POMMADE

— Je rends hommage à votre merveilleux talent oratoire, cher confrère, mais je dois déclarer que toute votre argumentation pèche par la base et ne saurait avoir la moindre valeur.....

CHICANE

— La preuve de ce que vous avancez là ?
— La preuve, je l'ai, moa ! et je vais vous la donner sur l'heure.

— Le chose se passait exactement à midi.
— Permettez. Il était quatre heures.
— J'affirme qu'il était midi.
— Je soutiens qu'il était quatre heures.
LE PRÉSIDENT. — Voyons, messieurs les avocats, ne perdez pas le temps du tribunal à chercher midi à quatorze heures.

COCO CONTRE COCO

— Constamment elle nous appelait sale cocu.
— Permettez, mon cher confrère? C'était sale Coco qu'elle disait. Il y a une nuance, que diable!

L'AFFAIRE DU PUITS MITOYEN

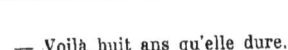

— Voilà huit ans qu'elle dure.

Messieurs de la Cour, Messieurs les Jurés,
Une profonde émotion m'étreint dès que je m'approche de cette barre. La majesté de cette Cour, son imposante grandeur, la gravité des visages qui m'écoutent, l'éloquence persuasive de M. l'avocat général, l'autorité des éminentes personnalités qui composent le jury..., etc., etc.

— C'est alors qu'entendant des petits cris, comme des gémissements qui s'échappaient de sa voiture, le cocher tourna la tête, et qu'est-ce qu'il vit ?.....

DANS LA SALLE

DES

PAS PERDUS

CONSULTATION

L'Avocat. — Sans doute, votre affaire me semble bonne, mais pardon, un mot : Avez-vous les reins solides ?

PROCÈS·DE SUCCESSION

LES HÉRITIERS. — Dites-leur bien, aux juges, que cette gueuse lui avait jeté un sort, à not' pauv' cousin; qu'elle ne lui était rien, et que c'est nous seuls, ses pauvres parents, qui devions tout avoir.

— Je voudrais partir pour la chasse. Remettons-nous l'affaire?
— Certainement. Vous m'emmenez?

MŒURS NAIVES

— Monsieur le juge, c'étions point vous qui vont juger not' fieu, tout à l'heure? J'ons apporté pour vous un biau jambon et puis du boudin, pour que vous soyiez tout à fait bon pour lui.

— Mais, je vous parle, là, comme à un confesseur.
— Oh! vous pouvez y aller, j'en ai entendu bien d'autres.

UN JURISCONSULTE

LE GARDE. — J'y comprends rien non plus à ce grimoire, quel est l'imbécile qui a écrit ça ?
— Mais, c'est signé : Poireau, huissier.
— Oh ! dans ce cas, c'est différent, vous pouvez y aller.

POUR UN DIVORCE

— Il m'a encore battue, le monstre.
— Bravo ! c'est ce que nous attendions. Vos témoins étaient-ils là ?
— Non !
— Oh ! mais alors, il n'y a rien de fait. C'est à recommencer.

PROCÈS GAGNÉ

— Canaille ! gueux ! tu as gagné, c'te fois, mais ce sera mon tour en appel !

LE PALAIS L'ÉTÉ

Le bâtonnier vient de prendre ses vacances. Les costumes de bicyclistes et les Anglais reparaissent dans la salle des Pas perdus.

A LA PORTE DE LA CORRECTIONNELLE

Le Garde. — C' qu' vous voulez?
— Entrer à l'audience.
— C'est-il vous l'accusé, le coupable, la victime, enfin quoi, c' que vous êtes?
— J' viens voir.
— Quand on vous dit que c'est farmé, c'est farmé.

CONSULTATION

— Quel bon vent?...
— Je suis venue vous voir, parce que voilà, j'ai de l'ennui : je voudrais divorcer.
— Comment ! encore ?
— Oui, c'est la cinquième fois !
— Mazette ! vous en avez, une santé !!!

AVANT LA LUTTE

Et dire qu'ils vont se manger le nez tout à l'heure!

QUESTION DE POIDS

— Ce sont des pierres que vous avez là dans votre serviette pour faire croire à vos nombreuses affaires.
— Mais non, c'est des robinets. Je plaide une contrefaçon. Ils sont même un peu lourds.

L'INTERPRÉTATION DE LA LOI

— Dalloz dit oui, mais les Pandectes disent non. Bref, la chose a été jugée de toutes sortes de manières différentes, sans doute selon les têtes des bonshommes.

ENQUÊTES

—

INTERROGATOIRES

— N'est-ce pas qu' ça me va bien ? Moi, j'y mettrais des plumes.

CHEZ M. LE JUGE ENQUÊTEUR POUR DIVORCES

M. LE JUGE. — Il dit que vous le refroidissez !
— Voyons, monsieur le Juge, est-ce que j'ai une figure à refroidir un homme ?

— Comment ! voilà soixante-seize jours qu'on vous a arrêté. On vous dit : « Allez-vous-en, il n'y a rien contre vous », et vous n'êtes pas content. Mazette ! vous êtes difficile. Et puis, vous savez, pas tant d'histoires que ça, sans quoi je vous fais coffrer.

ENQUÊTE CONTRADICTOIRE POUR UN DIVORCE

LA DAME. — Osez donc dire, mossieur, que je n'ai pas été de tout temps votre malheureuse victime !

— Alors vous avez été arrêté pour avoir crié : « Vive la police ! »
— Oui, monsieur le Commissaire, même qu'ils m'ont passé à tabac.
— Et c'est tout ce que vous avez fait ?
— Oui, monsieur le Commissaire.
— Ah bien ! elle est bien bonne, celle-là !!!

A LA CUISINE DE LA SURETÉ

— Voyons ! avouez. C'est si simple d'avouer! Qu'est-ce que vous voulez ? Vous faut-il une cigarette, une chopine, la goutte? Tenez, on va vous faire venir votre marmite, mais avouez, que diable !

APRÈS L'AUDIENCE

L'AUDIENCE EST LEVÉE

Enfin!

APRÈS L'AUDIENCE

— J'ai rien compris du tout à ce qu'ils ont bredouillé.
— Eh bien, c'est bien simple, vous êtes condamné.
— A quoi ?
— Mais au maximum, pardi ! à quoi diable vouliez-vous être condamné ?

APRÈS L'AUDIENCE

— Eh bien ! et mon procès avec mon gendre qui devait venir aujourd'hui ?

— Ça y est. Vous avez perdu.

— J'ai perdu !... Ces juges-là n'ont donc pas de gendres !

— Et notre procès qui était pour aujourd'hui ?
— Ah bien ! c'est trop tard. Les v'là qui partent en vacances, ce sera pour la rentrée maintenant, dans trois mois.

DÉPUTATION SOLENNELLE

— Ben sûr qu' c'on est, des chienlits.
— Ont-ils de beaux masques!!!

APRÈS L'AUDIENCE

— C'est moi, ta première cliente. Voyons, tu t'en souviens bien, Anatole!

APRÈS L'AUDIENCE

— t' rappelles bien, voyons, Bouffard, ton ancien substitut
t' étais juge suppléant à Poitiers. Eh bien ! c'est moi, Bibi !

APRÈS-L'AUDIENCE

— Pige-moi la trompette qu'il lui a faite, au président.
— Oh ! là là ! c'te binette !

UNE BONNE FARCE

L'Huissier. — J' vas enfermer le greffier.

EN PROVINCE

M. le Procureur, sortant de la Cour d'assises et satisfait d'avoir fait condamner l'accusé au maximum, se dit que le moment est venu de se payer une petite friandise.

LES FEMMES AVOCATES

— Je lis dans les yeux du tribunal qu'il ne voudra pas me refuser ce petit acquittement que j'attends de lui pour ma première plaidoirie.

L'AVOCATE

— Cré nom ! quel bagout ! faut que je vous embrasse.

— Vous m'avez nommée bâtonnière. Merci, messieurs. J'y suis, j'y reste.

L'HUISSIÈRE

— L'individu Un tel. C'est vous, là bas ! approchez.

LA PROCUREUSE OU L'AVOCATE GÉNÉRALE

Les pauvres hommes n'auront qu'à se bien tenir.

TRIBUNAL FÉMININ

Mme LA PRÉSIDENTE. — Vous êtes la belle-mère de cet individu. Dites-nous tout ce que vous savez sur son compte.

CES MONSTRES D'HUISSIERS

LA FAIM JUSTIFIE LES MOYENS

— J'ai fait deux saisies dans ma matinée. Ça m'a ouvert l'appétit.

AU NOM DE LA LOI

Quel est ce vilain personnage ? Un cambrioleur sans doute ? Pas du tout. C'est un estimable huissier suivi de ses deux témoins qui vont instrumenter à domicile.

UN AUTRE INSTRUMENTISTE

— C'est moi, la loi! J' viens pour saisir.

TOUJOURS AU NOM DE LA LOI

— Au voleur ! à l'assassin !!!
— Mais non, ma bonne femme, je suis simplement l'huissier.

Papier timbré laissé chez une concierge, par un monstre d'huissier, pour un brave locataire.

LA DÉCORATION DES HUISSIERS

— Qu'est-ce que c'est que ça?
— Ça, c'est ma décoration, mes palmes académiques!
— Qu'as-tu fichu pour ça?
— J'ai saisi, parbleu!
— Eh bien, alors? moi aussi, je devrais être décoré, et plutôt dix fois qu'une.

ENTRE CONFRÈRES

— J' viens d' saisir chez la petite Cora des Bouffes; c' que ç'a été rigolo! Cré coquin!
— Veinard!

ENTRE CONFRÈRES

— J' vas instrumenter chez une cocotte.
— Gros vicieux ! tu vas encore l'ensorceler, celle-là !
— Eh ! eh ! Y a des chances.

Le Clerc. — C'est M. Vautour qui vient vous voir pour des saisies.
L'Huissier. — M. Vautour ! Bougre ! Dites-lui que j'y cours.

LA FÊTE DE L'HUISSIER

L'Huissier. — Quoi ! qu'est-ce que c'est ? Y a le feu !!!
Le Premier Clerc. — Non, cher maître, c'est nous, vos clercs, qui venons vous souhaiter votre fête.
L'Huissier. — Que le diable vous emporte !! Après le déjeuner, j'ai besoin de dormir. Fichez-moi le camp bien vite.

— Hein ! ce chéri ! Croyez-vous qu'il a dû en noircir, du sale papier timbré, pour se payer des noces pareilles !...

L'INDISPOSITION DE L'HUISSIER

LE DOCTEUR. — Il est plein de vents qui le travaillent.
UN PROPRIÉTAIRE. — C'est le froid qui l'aura saisi, parbleu !
UN CONFRÈRE. — Moi qui le connais bien, je croirais plutôt le contraire !

SORTIE D'UN REPAS DE CORPS

Pour fêter les palmes académiques accordées à l'un d'entre eux, les huissiers, réunis dans un repas de corps, ont fait une grande noce.
La sortie est plutôt bruyante et pénible.

AUTRES HUISSIERS SORTANT DU MÊME REPAS DE CORPS

Pour être huissier, on n'en est pas moins homme... et pochard !

— Moi, j'ai saisi des lions dans leur cage. Ils voulaient me manger.
— Moi, j'ai saisi un ballon et son capitaine. Je suis resté douze heures accroché en l'air.
— Vous n'êtes que des serins. Moi, j'ai saisi tout un train avec les voyageurs, les employés, les marchandises, tout ça pour un baril de moutarde !!!
— Ah oui ! la moutarde !! Eh bien, je suis dedans.

LE CASUEL DE L'HUISSIER

Cas trop rare, hélas!

LE GUET

L'ORDRE DANS LA RUE

LE GUET

Un rendez-vous d'amour sans doute ? Pas du tout. Il s'agit tout simplement de pincer en flagrant délit la petite bonne du premier qui va venir secouer son tapis par la fenêtre et de lui dresser une contravention.

LES MŒURS

— Imbécile ! m'arrêter, moi, pour raccrochage !... Vous ne savez donc pas que je suis la femme de votre brigadier !

— Vos nom, prénoms ?
— Je suis le bon Dieu lui-même.
— J' m'en f...! j' vous dresse contravention.

La police a des yeux de lynx.

COQUETTERIE

— Des bottes comme celles-là, j'en ai jamais eu qui m'ayent si bien allé. Tant plus qu'elles font du bruit, tant plus je m'aime dedans.

MÉLANCOLIE

— T' es triste ! faut pas... Viens-t'en rigoler.
— Quoi faire ?
— Dresser des contraventions, pardi !

BAVARDAGES

— J' vois passér ma particulière. J' lui cours après, mais patatras ! Je glisse, et me v'là les quatre fers en l'air...
— Oh ! là là ! c' que tu d'vais avoir l'air d'une tourte !

VAINS ESPOIRS

— C' que j'ai soif ! Bon Dieu ! Ah ! là là ! le type qui s'amènerait à c't' heure avec un litre, c' qu j' lui tordrais le cou !!!
— Au type ?
— T'' es bête ! au litre.

VIEUX SOUVENIRS

— Moi, quand j'étais cambrioleur, ah bien ! je leur en ai fichu, de la mistoufle, aux camarades d'à c't' heure. Une fois, un qui me courait après, s'a-t-il pas fichu en plein dans la limonade !
— Parbleu ! j' m'en rappelle bien ! C'était moi...

INTIMITÉ

Ah! combien triste le sort de ces deux braves sergots qui ne peuvent se sentir et se détestent de tout cœur, obligés de se promener ensemble des quatre et cinq heures de suite!

Le Sous-Brigadier. — Alors, rien de nouveau ?
— Non.
— Pas le moindre accident, pas le plus petit assassinat ?
— Non.
— C'est dégoûtant ! En v'là un sale quartier où il y a rien à fiche jamais !

RÊVES D'AVENIR

— Moi, quand je gagnerai le gros lot, c'est une petite boulotte comme celle-là que je prendrai. Avec un bon petit établissement de troquet, c' que j' ferai ma poire !

REGRETS SUPERFLUS

— C'est comme cette gratification de trente sous que nous devions toucher le 8, la v'là encore passée au bleu.
— Oh! là là! C'est dégoûtant. C'est toujours nous qui bœufons.
— Et c'est toujours nous les bœufs.

INCORRUPTIBLES

— Drôle de métier tout de même que le vôtre, où, pour fermer l'œil, il faut ouvrir le bec.

Comme si qu'on serait pas mieux à s'amuser ensemble chez moi au lieu de se ballader d'un temps pareil

L'ORDRE RÈGNE DANS LA RUE

— ..... Et plus vite que ça, qu'on vous dit.
— Oh! mais oui, que je m' trotte, et poliment, encore.

— Comment ! je rouspète ! Vous pouvez pas dire ça, voyons !

LEÇON DE DROIT

Le Sous-Brigadier. — Alors il vous a dit que vous l'em...bêtiez ? Et c'est tout. Et vous l'avez arrêté pour ça ?
— Oui, c'est un outrage.
— Mais pas du tout. C'est un compliment. S'il vous avait dit comme Cambronne..., alors, c'était un outrage, et vous pouviez le coffrer.

L'Anarchiste, *entrant et criant de toutes ses forces :* — Mort aux flics !

MANIFESTATION PACIFIQUE

Le Sous-Brigadier. — Qu'est-ce que c'est que c't idiot-là ?
— Un manifestant qui gueulait : « Vive la police ! »
— Passez-le moi à tabac et vivement.

LA FÊTE DU SOUS-BRIGADIER

Le Chœur : — Pour la Saint-Cyprien, nous venons...
Le Brigadier : — Non, c'est trop gentil. Vous m'émeuvez. Faut que j' vous régale.

LE MONOME VA PASSER

— Et vous savez ! du sentiment, n'en faut pas. Cognez ! Cognez ferme !

LE MONOME PASSE

Le monôme de Jeanne d'Arc a pris par une rue latérale. Faut le couper. Encore du rabiot!

LE LENDEMAIN DE LA RAFLE

LE VICE ET LA VERTU
— Eh bien de quoi ! vieilles morues, Allez donc torcher vos salés.

PLAISIRS CHAMPÊTRES

Mars et Vénus.

LES RAPPORTS DE LA POLICE ET DE LA MAGISTRATURE

Se fréquentent, mais ne peuvent se sentir.

MORALITÉ

LA COUR DE CASSATION

Pourquoi vous faire de la bile, bonnes gens qui perdez vos procès. La Cour de cassation n'est-elle pas là qui démolit tout avec le plus grand plaisir?

TABLE DES MATIÈRES

AVANT L'AUDIENCE

Pages.

La garde à l'extérieur du Palais	3
La garde à l'intérieur du Palais	4
En route pour le Palais	5
Les inculpés	6
Dans le couloir	7
Les inculpées	8
Avant l'ouverture des portes	9
Dans le pupitre de M. le substitut	10
L'arrivée dans la chambre du conseil	11
Dans la chambre des témoins	12
Police correctionnelle. Au banc des témoins	13
— — Le public	14

L'AUDIENCE

L'entrée des magistrats	17
Installation	18
Police correctionnelle. — Le petit speech au public	19
— — Le moulin à café	20
— — L'interrogatoire	21
— —	22
— — Déposition des témoins	23
— — L'interrogatoire	24
Cour d'assises. Le président à poigne	25
Police correctionnelle. Délibération	26
Cour d'assises. L'interrogatoire	27
Police correctionnelle. L'interrogatoire	28
La police de l'audience	29
Chambre civile. Petites distractions	30
Avant le jugement	31
Chambre civile. Une affaire importante	32
Un gêneur	33
Police correctionnelle. Fâcheuse rencontre	34
Le privilège du doyen	35

	Pages.
Chambre civile. Pendant les plaidoiries.	36
— — Rappel à la modération.	37
Police correctionnelle. Le cas est délicat.	38
Chambre civile. Le tribunal délibère.	39
— — Prétoire inviolable.	40
Police correctionnelle. Un interrogatoire bien conduit.	41
— — Question indiscrète.	42
Chambre civile. Les loisirs d'un président.	43
— — Aimable réveil.	44
— — Contagion.	45
Police correctionnelle. Une affaire croustillante.	46
Au tribunal de Marseille.	47
Chambre civile. Martyrs du devoir.	48
Police correctionnelle. La pièce à conviction.	49
A la cour d'appel. Cause grasse.	50
— — Cause maigre.	51
A la cour d'assises. Cause sensationnelle.	52

INCIDENTS D'AUDIENCE

Police correctionnelle. Rumeurs sur plusieurs bancs.	55
Chambre civile. La plaidoirie.	56
Police correctionnelle. Grave incident.	57
— — Propos fâcheux.	58
— — Un attrapage.	59
— — Un condamné mécontent.	60
— — Incompétence.	61
A la cour d'assises. Les pièces à conviction.	62
— —	63
— — De l'air.	64

SUSPENSION D'AUDIENCE

Il fait si chaud.	67
Pauvre huissier.	68
Dans la chambre du conseil.	69
— —	70
— —	71
Avant le jugement.	72
— —	73
Suspension.	74

PROCUREURS ET SUBSTITUTS

A la cour d'assises.	77
Les aboyeurs.	78

	Pages.
Les aboyeurs	79
—	80
—	81
Contre un prince de la finance	82
Contre un ver de terre	83
Les aboyeurs	84

MESSIEURS LES AVOCATS

Le logicien	87
Les droits de la défense	88
Les débuts du stagiaire	89
L'avocat de l'homme politique	90
L'avocat de l'ancien notaire	91
Effet d'audience	92
Circonstances atténuantes	93
Un argument de poids	94
L'avocat d'Hermance	95
Conclusion	96
Les petits papiers	97
Un effet raté	98
Les grands moyens	99
Le défenseur de la veuve	100
Le défenseur de la pierreuse	101
Pan! dans le mille	102
L'avocat d'office	103
Pommade	104
Chicane	105
Chicane à la barre	106
Coco contre coco	107
L'affaire du puits mitoyen	108
L'illustre maître	109
Procès d'adultère	110

DANS LA SALLE DES PAS PERDUS

Consultation	113
Procès de succession	114
Une affaire urgente	115
Mœurs naïves	116
Un vieux professionnel	117
Un jurisconsulte	118
Pour un divorce	119
Procès gagné	120
Le Palais l'été	121
A la porte de la correctionnelle	122
Consultation	123

	Pages
Avant la lutte...	124
Question de poids..	125
L'interprétation de la loi.................................	126

ENQUÊTES. — INTERROGATOIRES

Chez M. le juge enquêteur pour divorces.................	129
— —	130
Chez M. le juge d'instruction.............................	131
Enquête contradictoire pour un divorce..................	132
Chez le commissaire......................................	133
A la cuisine de la sûreté..................................	134

APRÈS L'AUDIENCE

L'audience est levée......................................	137
Après l'audience..	138
— —	139
Fin d'audience..	140
Députation solennelle....................................	141
Après l'audience..	142
— —	143
— —	144
Une bonne farce..	145
En province...	146

LES FEMMES AVOCATES

Un argument irrésistible..................................	149
L'avocate...	150
La bâtonnière...	151
L'huissière..	152
La procureuse ou l'avocate générale.....................	153
Tribunal féminin..	154

CES MONSTRES D'HUISSIERS

La faim justifie les moyens...............................	157
Au nom de la loi..	158
Un autre instrumentiste...................................	159
Toujours au nom de la loi.................................	160
La joie du quartier..	161
La décoration des huissiers...............................	162
Entre confrères...	163
— —	164

	Pages.
Entre ogres	165
La fête de l'huissier	166
La vie à grandes guides	167
L'indisposition de l'huissier	168
Sortie d'un repas de corps	169
Autres huissiers sortant du même repas de corps	170
Troisième groupe d'huissiers	171
Le casuel de l'huissier	172

LE GUET. — L'ORDRE DANS LA RUE

Le guet	175
Les mœurs	176
La ballade de deux sergots	177
Dans la rue	178
Coquetterie	179
Mélancolie	180
Bavardages	181
Vains espoirs	182
Vieux souvenirs	183
Intimité	184
La ronde	185
Rêves d'avenir	186
Regrets superflus	187
Incorruptibles	188
Oiseaux de nuit	189
L'ordre règne dans la rue	190
— — —	191
Leçon de droit	192
Trouble-fête	193
Manifestation pacifique	194
La fête du sous-brigadier	195
Le monôme va passer	196
Le monôme passe	197
Le lendemain de la rafle	198
Plaisirs champêtres	199
Les rapports de la police et de la magistrature	200

MORALITÉ

La cour de cassation	203

PARIS

PARIS, TYPOGRAPHIE DE E. PLON, NOURRIT ET Cie

RUE GARANCIÈRE, 8.

www.ingramcontent.com/pod-product-compliance
Lightning Source LLC
Chambersburg PA
CBHW062000180426
43198CB00036B/1845